KINDERKOANS

Yolanda Bons

©2022 Yolanda Bons

Uitgegeven in eigen beheer. Alle rechten voorbehouden. Niets uit deze uitgave mag worden verveelvoudigd, opgeslagen in een geautomatiseerd gegevensbestand en/of openbaar gemaakt in enige vorm of op enige wijze, hetzij elektronisch, mechanisch, door fotokopieën, opnamen of op enige andere manier zonder voorafgaande schriftelijke toestemming van de uitgever.

VOORWOORD

Toen mijn leergierige zoon zes was hield hij erg van puzzelen en raadsels oplossen. Ik las hem zelfgemaakte verhalen voor als het bedtijd was en als hypnotherapeute probeerde ik hem uit zijn vele denken te krijgen vóor het slapen gaan. Ik kan niet zeggen dat dat goed gelukt is toen ik deze kinderkoans gemaakt had, want ze leidden juist tot boeiende gesprekjes, maar toch is een koan een vraag waar geen antwoord op nodig of mogelijk is, waardoor het denken op een dood spoor belandt. En dat kan heel rustgevend zijn, om uit het denken naar het "niets" of naar het voelen te gaan. De kinderkoans slaan nergens op, en hun succes hangt af van de manier waarop ze voorgelezen worden. De juiste sfeer, **klemtoon** en **humor** zijn heel belangrijk, met een langzaam tempo per kinderkoan. Het kan zijn dat het kind een beetje geïrriteerd raakt omdat de beloning van het weten van het juiste antwoord uitblijft. Dan is het fijn om er een verhaaltje of praatje omheen te breien en jullie fantasie op de loop te laten. Meestal moest mijn zoontje erg lachen. Je kunt een hoop leren over elkaar. De verbeeldingskracht wordt in ieder geval goed geoefend als het kind de geschetste situaties voor de geest haalt. Als ze op zijn, kun je je kind ook vragen om zelf nieuwe kinderkoans te verzinnen. Bij het voorlezen is het leuker voor je kind als je de namen vervangt met hun eigen naam of van de eigen huisdieren. Ook de plaatsnamen kun je veranderen. Hoe meer bekend het is, hoe leuker. Heel veel voorleespret gewenst!

1.ALS HET BUITEN 30 GRADEN IS, EN JE
MOEDER ZIT IN EEN WARM BAD MET EEN BOEK
VAN 300 BLADZIJDEN, MOET JE DAN MORGEN
SOKKEN AAN NAAR SCHOOL, OF NIET?

2.ALS ER MAANDAG EEN TENNISWEDSTRIJD
OP TELEVISIE WAS,
EN DE KAT HEEFT OP DINSDAG DE
KANARIE OPGEGETEN,
IS HET DAN MORGEN EEN GOEDE DAG
VOOR ZUURKOOLSTAMPPOT OF NIET?

3.ALS JE DOOR EEN ROND GAATJE KIJKT,
EN JE HEBT TWEE LINKERSOKKEN
AAN, IS DE MAAN DAN VIERKANT OF NIET?

4.ALS ER AAN DE DEUR GEBELD WORDT
DOOR EEN MAN MET BLOEMEN,
EN OVER 200 DAGEN BEN JE JARIG, BEN
JE DAN BETER IN REKENEN OF IN
SCHRIJVEN?

5.ALS ER IN EEN APPELTAART PEREN ZITTEN,
EN IN EEN PERENTAART CITROENEN,
HEEFT EEN AAP DAN EEN HOEDJE OP OF
KAN JE OP JE VINGERS FLUITEN?

6.ALS NOU OM 1 MINUUT OVER 10, DE TREIN UIT
MIDDELBURG NAAR ROTTERDAM VERTREKT, EN

OP PERRON 2 EET IEMAND EEN BROODJE WORST,
BEGINT DAN OM 19 UUR HET
JEUGDJOURNAAL Of NIET?

7.ALS JE NOU EEN GEEL KANARIEPIETJE
HEBT, EN EEN ROOD ROODBORSTJE,
EN DIE KRIJGEN SAMEN EEN BABY, WORDT
HET DAN EEN BLAUWE PAPEGAAI,
OF EEN GROENE PARKIET?

8.ALS JIJ GISTEREN EEN BLAUWE
ONDERBROEK AAN HAD, EN OP ZATERDAG
IS JOUW KINDERFEESTJE, EN IN AFRIKA
SCHEEN EERGISTEREN DE ZON,
IS HET DAN MORGEN VOLLE MAAN, OF NIET?

9.ALS ER TWEE MENSEN ZIJN: EEN MAN
MET EEN BAARD EN EEN BRIL,
EN DIE GAAT JOGGEN MET EEN VROUW
MET EEN BLONDE PAARDENSTAART EN EEN
FELROZE JOGGINGPAK AAN- WIE VAN DE
TWEE KOMT DAN HET EERSTE AAN?

10.ALS NOU IN AUSTRALIË RODE
PADDENSTOELEN GROEIEN, EN AAN DE
ANDERE KANT VAN DE WERELD DOEN ZE
EEN DANSJE MET RIETEN ROKJES AAN, GAAT
DAN OVERMORGEN IN DE SUPERMARKT HET
GEHAKT IN DE AANBIEDING, OF NIET?

11.ALS EEN KROKODIL IN NEW YORK EEN
MENS OP EET, EN IN BLIJDORP WORDT EEN

BABYPANDA GEBOREN, WINT ER DAN IN
CHINA IEMAND DE LOTERIJ OF NIET?

12.ALS NOU OOM DAGOBERT IN ZIJN
GROTE GELDPAKHUIS GAAT ZWEMMEN, OP
WOENSDAGOCHTEND HALF 7, EN DONALD DUCK
IS ZIJN HOND AAN HET UITLATEN EN KWIK,
KWEK EN KWAK ZIJN NAAR DE PADVINDERIJ,
GAAT KATRIEN DAN NAAR DE KAPPER OF GAAT
HET GOUDSTUKKEN REGENEN IN DUCKSTAD?

13.ALS SKY DE BRIL VAN ZIJN MOEDER OP ZET,
EN ZIJN VADER HEEFT EEN STERKTE VAN MIN
10, EN ZORRO DE KAT KAN OP 100 METER
AFSTAND EEN MUIS ZIEN, HEEFT SKY DAN IN DE
ZOMER EEN ZONNEBRIL NODIG, JA OF NEE?

14.ALS IEMAND IN DE BERGEN VAN
TIMBOEKTOE EEN GOUDKLOMPJE VIND,
EN DE TROUWRING VAN DE BUURVROUW
RAAKT KWIJT IN HET AFWASWATER,
MOETEN WE DAN DE POLITIE BELLEN
OF DE BRANDWEER?

15.ALS ER OP EEN OCHTEND TEGEN JE
HUIS EEN LANGE LADDER STAAT, EN
OP 16 SEPTEMBER IS HET APPELPLUKDAG, GA JE
DAN EEN VERLANGLIJSTJE VOOR SINTERKLAAS
SCHRIJVEN OF EEN TAART BAKKEN?

16.ALS ER IN JE LINKER WIJSVINGER
EEN SNEE ZIT, EN DE BOER HEEFT OP

ZIJN AKKER 5 VOGELVERSCHRIKKERS
NEERGEZET, MOET JE DAN BRUIN OF WIT
BROOD IN DE ERWTENSOEP SOPPEN?

17.ALS ER 99 LUCHTBALLONNEN IN DE ZEE
DRIJVEN, EN MILJOENEN VOGELS VLIEGEN
VÓOR DE WINTER NAAR HET ZUIDEN, IS HET
DAN BETER OM OP EEN MAANDAG OF EEN
ZATERDAG JE ZWEMDIPLOMA TE HALEN?

18.ALS JE IN DE WOESTIJN VERDWAALD BENT, EN
JE LIEVELINGSVLA IS VANILLEVLA, EN JE LENGTE
IS 1 METER 30, IS 20 KEER 2 DAN 22 OF 40?

19. ALS SKY OP ZONDAGOCHTEND OM HALF 7 OP
ZIJN GITAAR SPEELT, EN ZIJN OMA EN ZIJN TANTE
GAAN IN DE MIDDAG NAAR MCDONALD'S EN ZIJN
MOEDER NEEMT EEN HAPPY MEAL, IS ER DAN EEN
FEESTJE IN DE KINDERBOEKENWINKEL, JA OF NEE?

20. ALS HET OP HET GROOTSTE EILAND VAN
HAWAII EB IS, EN DE VULKAAN BARST UIT,
GAAT HET DAN IN OOSTKAPELLE REGENEN ÓF
VALLEN IN AFRIKA DE MUSSEN VAN HET DAK?

21. ALS EEN MEISJE BENT DIE VAN BROEKEN
HOUDT EN JE BESTE VRIEND HOUDT
VAN ROKKEN, ZIJN JULLIE DAN ELKAARS
VRIENDEN OF VRIENDINNEN?

22. ALS NOU DRIE MENSEN EEN DROPVETER
HEBBEN EN ZE GAAN ALLEMAAL MET
VERSCHILLENDE AUTO'S NAAR AMSTERDAM,

EN DE ACHTERKLEP STAAT OPEN, EN HET
IS WINDKRACHT 5... MOET DE VOORSTE
AUTO DAN BIJ EEN ROOD STOPLICHT
STOPPEN OF DE ACHTERSTE?

23. ALS ER 3 KAARSJES IN DE WOONKAMER
BRANDEN EN IN DE OVEN STAAT EEN LASAGNE OP
180 GRADEN, MOET EEN PANNENKOEK DAN ÉEN
OF TWÉE KEER IN DE LUCHT GEGOOID WORDEN?

24. ALS EEN HONDJE DAT FRIETJE-MET
HEET, EN EEN POESJE DAT HOTDOG HEET
SAMEN VRIENDJES ZIJN, EN UIT ETEN
GAAN, MOETEN ZE DAN KATTENBROKJES
OF HONDENBROKJES BESTELLEN?

25. ALS ER ZIE GINDS EEN STOOMBOOT AANKOMT,
EN ER STAAT EEN WITTE SCHIMMEL OP HET DEK
AL HEEN EN AL WEER TE ZWAAIEN, MOET JE DAN
JE TANDEN POETSEN VÓOR OF NÁ HET ETEN?

26. ALS ER IN DE RIJSTEPAP NOU EEN KLEIN
ROOD BEESTJE ZWEMT, EN DE CHOCOLADEVLA
IS WIT, WELKE KLEUR HEEFT DAN JE TONG?

27. ALS ER TWEE DRIEWIELERS IN HET CIRCUS
RIJDEN, EN ZEVEN CLOWNS DOEN EEN DANSJE,
HOEVEEL KOORDDANSERS ZIJN ER DAN NODIG?

28. ALS ER IN HET BOS EEN BOOM OMVALT,
MAAR ER IS NIEMAND DIE HET ZIET, IS
DE BOOM DAN OMGEVALLEN?

29. WAT IS HET GELUID VAN ÉEN
KLAPPENDE HAND?

30. ALS JE TWAALF GROTE EN 9 KLEINE
BOEKEN UIT DE BIBLIOTHEEK LEENT,
EN JE MAG ZE 6 WEKEN LENEN, HOEVEEL
BOETE MOET JE DAN BETALEN?

31. ALS JE MOEDER MET DE AUTO 50 KILOMETER
(P/U) RIJDT, EN VAN LINKS KOMT EEN POLITIE-
AGENT EN RECHTS ZIT EEN SNACKBAR, MOET ZE
DAN AFSTAPPEN OF ACHTERUIT INPARKEREN?

32. ALS JE NEUS VAN ACHTEREN ZIT EN JE MOND
OPZIJ, EN JE TENEN ZITTEN OP JE BILLEN, MOET
JE DAN JE ONDERBROEK ACHTERSTEVOREN
AAN DOEN OF ONDERSTEBOVEN?

33. ALS EEN EEKHOORN IN DE HERFST 10
HAMSTERS VERZAMELT EN EEN VOORRAAD
VOOR DE WINTER AANLEGT, IS ER DAN IN
DE LENTE GENOEG TE ETEN OF WORDT
ZIJN VACHT IN DE WINTER WIT?

34. ALS EEN MEISJESBABY EEN BLAUW
FOPSPEENTJE HEEFT, EN EEN PEUTER
SABBELT OP DINSDAG OP ZIJN GROTE
TEEN, WIL EEN JONGEN VAN 6 DAN LIEVER
BUITENSPELEN OF BINNEN BLIJVEN?

35. ALS EEN ZEBRA DE WEG OVER STEEKT,
EN EEN GIRAFFE KOMT VAN RECHTS EEN

ROTONDE OP, MOET EEN NIJLPAARD DAN
VOORRANG VERLENEN OF NIET?

36. ALS JE IN DE AVOND NAAR DE WINKEL
FIETST IN SEPTEMBER, EN JE FIETSLAMP IS
KAPOT, MOET ER DAN EEN REFLECTOR IN JE
VÓOR OF IN JE ÁCHTERWIEL ZITTEN?

37. ALS JE GISTEREN PER ONGELUK EEN PAK MELK
HEBT LATEN VALLEN EN DE DOP IN DE PLASTIC
BAK GEDAAN HEBT, MOET JE HET PAK DAN DOOR
EEN KOE LATEN PLAT STAMPEN OF MOET JE HET
STATIEGELD AAN EEN GOED DOEL GEVEN?

38. ALS ER IN EEN MUIZENHOL GEEN TV
IS, MAAR WEL EEN DVD-SPELER,
HEET DE MUIS DAN TOM VAN ZIJN VOORNAAM
OF JERRY VAN ZIJN ACHTERNAAM?

39. ALS ER IN DE SPEELTUIN EEN JONGETJE
30 RONDJES DRAAIT IN EEN DRAAIMOLEN,
EN DE WIP IS KAPOT, EN ER VALT OM 10
UUR EEN MEISJE VAN DE SCHOMMEL, BEN
JE DAN DAARNA DUIZELIG OF NIET?

40. ALS ER NOU EEN WEDSTRIJD IS MET
20 KILOMETER HARDLOPEN,
GAAT ER DAN OP DE EERSTE MAANDAG
VAN DE MAAND EEN EIERWEKKER AF OF
ALLEEN ALS IEDEREEN UITGEPUT IS?

41. ALS JE MOEDER IEDERE ZATERDAG DE
WAS DOET, EN HET WASMIDDEL WAS DRIE

VOOR DE PRIJS VAN TWEE, EN DE HELFT
VAN DE KLEREN ZIJN ZWART EN EEN KWART
VAN DE KLEREN ZIJN WIT... WIE MOET DAN
DE WAS OPHANGEN EN WAAROM?

42. ALS OP EEN MOOIE HERFSTDAG, IN EEN
STOOFPERENBOOM, 100 PEREN HANGEN, DIE
11 MINUTEN MOETEN KOKEN, EN ONDER
DIE BOOM ZITTEN TWEE ROODBORSTJES,
WORDEN DE PEREN DAN ROZE OF WIT?

43. ALS JE VAN VOREN NAAR ACHTEREN KIJKT,
EN JE BROEKZAK ZIT BINNENSTEBUITEN, HEB
JE DAN NA HET DOUCHEN MEER WATER IN
JE LINKEROOR, OF IN JE RECHTEROOR?

43. ALS ER NEGEN VLIEGEN ACHTER 5
VLIEGEN VLIEGEN, HOEVEEL VLIEGEN
VLIEGEN VLIEGEN DAN ACHTERNA?

44. ALS GEKKE GERRITJE, EN LIZE-LOTJE, LANGS
EEN LANGE LINDELAAN LOPEN, EN OM PRECIES
4 UUR GAAN ZE OVER EEN EZELSBRUGGETJE,
IS HET DAN AAN DE OVERKANT
ZOMERTIJD OF WINTERTIJD?

45. ALS IN LAPLAND DE KERSTMAN ZIJN
SNEEUWSOKKEN AAN DOET, EN DE RENDIEREN
ZINGEN OM DE BEURT EEN KERSTLIEDJE, EN IN
SPANJE VERTREKT DE STOOMBOOT, IS ER DAN
IN NEDERLAND NATTE SNEEUW OF DROGE?

46. ALS ER NOU, IN EEN VIERKANT, HONDERD

STIPJES ZITTEN, EN ER VLIEGEN DUIZEND
VUURVLIEGJES OMHEEN DIE HONGER
HEBBEN, GAAT JE MAAG DAN IN EEN RONDJE
DRAAIEN OF GAAT DIE KNORREN?

47. ALS ROODKAPJE OP DONDERDAG HALF
5 NAAR DE MARKT GAAT, EN ZE KOOPT EEN
HARING MET UITJES, OM HOE LAAT EET DE
BOZE WOLF DAN HET DERDE BIGGETJE OP?

48. ALS IN DE EFTELING, ÉEN UUR VÓOR
SLUITINGSTIJD, IN DE HEKSENKETEL NOG
EEN KINDJE ZIT, EN ZIJN VADER EN MOEDER
ZITTEN VOOR DE DERDE KEER 3 MINUTEN IN
DE ACHTBAAN, HEEFT HIJ DAN NOG GENOEG
TIJD OM HARRY POTTER TE LEZEN, JA OF NEE?

49. ALS ER IN ENGELAND EEN KASTEEL
OMWAAIT MET 4 TORENS,
EN ER ZWEMMEN (IN DE SLOTGRACHT) MÉER
WITTE ZWANEN, DAN ZWARTE ZWANEN,
WORDT ENGELAND DAN GESLOTEN, OF NIET?

50. ALS JE ZEVEN MIJL LOOPT IN JE LAARZEN,
EN JE LOOPT ACHTERUIT DOOR 9 PLASSEN,
EN HET REGENT HAGELSLAG, MOET JE
DAN JE HÁAR AFDROGEN OF NIET?

51. ALS HET REGENT, EN IN DE KLAS STAAN
ALLE RAMEN OPEN, EN ER MOETEN 3 KINDEREN
NODIG NAAR DE WC, MOET JE DAN JE VINGER
OPSTEKEN OF WORDT ALLES NAT?

52. ALS JE MOEDER MET JE OMA OP
VISITE GAAT BIJ JE TANTE,
IS JE VADER DAN DE OOM VAN JE OPA, OF
BEN JIJ DAN DE BROER VAN JE GROOTJE?

53. ALS IK DRIE VINGERS OP STEEK, EN IK
VERSTOP ER 7 ACHTER MIJN RUG,
HOEVEEL HANDEN EN VOETEN HEB IK DAN?

54. ALS ER IN DE NACHT TWEE INBREKERS EEN
FIETS AAN EEN LANTAARNPAAL VASTMAKEN,
EN OP TELEVISIE WORDT EEN VERJAARDAG
GEVIERD, IS HET DAN BETER OM DE HÓND UIT
TE LATEN OF OM DE KÁT TE BORSTELEN?

55. ALS ER IN HET OERWOUD TWEE MIEREN
TEGEN EEN BOOM OPLOPEN, EN EEN DERDE GAAT
ER TUSSENIN, EN ER KOMT EEN MIERENETER
AANGEVLOGEN, WIE MAG ER DAN VOOROP?

56. ALS ER IN JE NEUS VIJF HAREN
ZITTEN DIE KIETELEN,
EN TUSSEN VIER VAN JE TENEN ZIT EEN PLUISJE,
MOET JE MOEDER DAN EEN FÖHN HALEN OF
MOET JE VADER HET GRAS GAAN MAAIEN?

57. ALS EEN TREIN HELEMAAL VOL ZIT MET OPA'S
EN OMA'S, EN DIE HEBBEN ALLEMAAL 6 BOEKEN
IN HUN TAS, HEBBEN ZE DAN NA 1 KILOMETER,
ETEN EN DRÍNKEN, OF EEN LÉESBRIL NODIG?

58. ALS OP DE ZUIDPOOL, EEN PINGUÏN EN

EEN IJSBEER ELKAAR TEGENKOMEN, EN OP DE
NOORDPOOL MAAKT EEN ESKIMO EEN IGLO,
WIE IS ER DAN HET EERSTE THUIS?

59. ALS EEN VLINDER EERST EEN RUPS WAS,
EN EEN BLOEM EERST EEN ZAADJE, HOEVEEL
WEKEN LEEFT EEN BABY-OLIFANTJE DAN?

60.ALS EEN VOET TIEN TENEN HEEFT,
EN EEN MENS TWEE VOETEN,
HOEVEEL STAPPEN DUURT EEN ZEBRAPAD DAN?

61. ALS ER IN CHINA EEN ONWEERSBUI IS,
EN IN NEDERLAND HANGT ER MIST,
IS HET DAN VEILIG OM EEN ROOKALARM
TE TESTEN, JA OF NEE?

62. ALS ER IN DE LENTE, 4 EENDEN IN
EEN VIJVER NAAR LINKS ZWEMMEN,
EN OM HALF 8 WORDEN ER 11 PAASEIEREN
VERSTOPT, MOET DE PAASHAAS DAN
ÉERDER OF LATER BEGINNEN?

63. ALS EEN JONGEN VAN 7, DIE SUPERSLIM IS,
EEN LEUKE FILM KIJKT VOOR 8 JAAR EN OUDER,
MAG ZIJN MOEDER DAN MEEKIJKEN, JA OF NEE?

64. ALS ER IN DE KRANT STAAT DAT HET
HELE LAND EEN DAG VRIJ IS EN DAT DE
KONING OP VISITE KOMT, MOET JE DAN
TOCH VROEG OP STAAN, OF MOET IEDEREEN
ZIJN HAAR ORANJE VERVEN?

65. ALS JE EEN PORTEMONNEE HEBT EN ER
ZITTEN 6 MUNTJES IN, EN DIE WEGEN EEN
KLEIN VERMOGEN, PAST HET DAN IN JE ZAK
OF MOET JE ZE IN JE SPAARPOT DOEN?

66. ALS JE MOEDER OP VRIJDAG BOODSCHAPPEN
DOET, EN OP DONDERDAG AAIT ZE EEN HOND, ZIJN
DAN OP WOENSDAGMIDDAG DE KINDEREN VRIJ,
OF ZIJN DE SCHOLEN DAN DICHT?

67. ALS ER IN HET DONKER EEN GELUID
IS, EN ER IS NIEMAND THUIS,
DANSEN DAN DE MUIZEN OP TAFEL, OF MOET
DE TELEFOON OPGENOMEN WORDEN?

68. ALS ER IN EEN WIT LANDSCHAP, EEN KUDDE
SCHAPEN DOOR DE SNEEUW LOPEN, MAAR
EENTJE HEEFT BLOED, EN DE ANDERE 99 NIET,
WORDT DE WOL VAN DIE SCHAPEN DAN IN
DE ZOMER OF IN DE WINTER GESCHOREN?

69. ALS IEMAND AL HEEL OUD IS, EN HIJ LOOPT
MET EEN STOK, MAAR EEN HOND GAAT ER
MEE VANDOOR, HEEFT DIE MENEER DAN NOG
WÉL OF NIET SOKKEN NODIG DIE DAG?

70. ALS EEN MEVROUW, MET BRUINE
KRULLEN, THEE GAAT DRINKEN MET HAAR
VRIENDIN MET RECHT BLOND HAAR, EN
ZE WILLEN ALLEBEI GEEN KOEKJE, WELKE
VAN DE TWEE IS DAN DIKKER?

71. ALS JE BLAUWE OGEN HEBT EN JE KIJKT ZO
VER MOGELIJK NAAR BOVEN EN DAN NAAR
BENEDEN, EN JE KRIJGT LATER KINDEREN,
KRIJGEN DIE DAN BRUINE OF GROENE OGEN?

72. ALS JE ONDER JE BED KRUIPT EN JE
BLIJFT JE 2 UUR VERSTOPPEN, EN JE VADER
HEEFT EEN SPIJKERBROEK AAN EN JE
MOEDER EEN WINTERJAS, WIE HEEFT DAN
DE MEESTE KANS OM JE TE VINDEN?

73. ALS JE 50 KEER DE TRAP OP EN NEER LOOPT,
EN JE WEEGT 30 KILO IN DE OCHTEND, EN
JE EET OP 1 DAG DRIE APPELS, MOET JE DAN
DIE DAG VAKER PLASSEN OF MINDER?

74. ALS IEMAND IN AMERIKA EEN SPELD IN EEN
HOOIBERG LAAT VALLEN, EN HET IS MUISSTIL,
KUN JE DAN IN EEN BOOTJE DE OCEAAN
OVERSTEKEN ALS HET NIET WAAIT , OF NIET?

75. ALS JE EEN ZWART-WITFOTO HEBT, EN JE
HOUDT DIE ONDER ZONLICHT, KRIJG JE DAN
BLAUW ALS JE GEEL MET GROEN MENGT, OF ROOD?

76. ALS EEN PIANO EN EEN VIOOL EEN
WEDSTRIJDJE HOUDEN, EN ZE SPELEN OM
DE BEURT 3 NOTEN, IS EEN WALNOOT DAN
HARDER OM TE KRAKEN DAN EEN AMANDEL
OF HEB JE OORBESCHERMING NODIG?

77. ALS IN DE JUNGLE EEN AAP HOOG IN DE BOMEN

AAN EEN LIAAN SLINGERT, EN ZIJN BROEK ZAKT
AF, EN EEN OLIFANT STAAT DAARONDER NET TE
POEPEN, IS ER DAN EEN WASMACHINE NODIG
OF ZIJN ER NOG GENOEG BANANEN OVER?

78. ALS JE DRIE VUISTEN OP ELKAAR ZET
EN JE LOOPT NAAR BOVEN, HEB JE DAN 5
VINGERS OVER OF KOM JE ER 5 TEKORT?

79. ALS EEN FIETS OP MAANDAG LANGS FIETST
EN DIE RIJDT PER ONGELUK OVER JE VOET HEEN,
MAG JE DAN BIJ DE BAKKER EEN TOMPOUCE
KOPEN OF MOET JE EERST JE GROENTE OPETEN?

80. ALS JE 9 JAAR BENT, EN JE BENT OP 5 DECEMBER
JARIG, IS HET DAN EEN SCHRIKKELJAAR, OF
KRIJGT SINTERKLAAS EEN EXTRA CADEAUTJE?

81. ALS JE ELKE DAG IN JE NEUS PEUTERT,
EN JE HEBT TIEN TENEN EN TIEN VINGERS,
EN EEN WEEK HEEFT 7 DAGEN, HOEVEEL
ZAKGELD KRIJG JE DAN VOOR ÉEN WEEK?

82. ALS DE AUTO DOOR DE WASSTRAAT GAAT,
EN HIJ HEEFT 4 RAMEN MAAR 2 STAAN ER NOG
OPEN, EN HET DAK OOK, MOET JE DAN VOOR
4 RAMEN BETALEN, OF KRIJG JE KORTING?

83. ALS ER IN EEN LAND TWEE TALEN GESPROKEN
WORDEN EN DE MENSEN VERSTAAN ELKAAR
NIET, WORDEN ER DAN MEER BABY'S GEBOREN
IN DAT LAND OF ZIJN ER MINDER FILES?

84. ALS NIEMAND ZIJN VERJAARDAG ZOU
WETEN EN ER WAREN GEEN KALENDERS,
HOEVEEL VINGERS HEB JE DAN EN OP
WELKE DAG MOET JE TRAKTEREN?

85. ALS ER IN EEN POT KNIKKERS 70
RODE ZITTEN EN DE REST BLAUWE,
HOEVEEL GELE ZIJN ER DAN?

86. ALS ER ONTELBAAR VEEL ZANDKORRELS
ZIJN EN ONEINDIG VEEL STERREN IN HET
HEELAL, WELKE ZIJN DAN MAKKELIJKER OM TE
TELLEN EN VAN WELKE ZIJN ER HET MEEST?

87. ALS EEN DONKERE MAN EN EEN WIT MEISJE
SAMEN TROUWEN, EN ZE KRIJGEN 3 KINDEREN,
EN DIE ZIJN ALLEMAAL EVEN OUD, LIJKEN ZE
DAN OP HUN VADER OF HUN MOEDER?

88. ALS ER DRIE KLEINE KLEUTERTJES BOVEN
OP EEN HEK ZITTEN, EN HET IS EEN MOOIE
ZOMERSE DAG IN SEPTEMBER, MOET DAN
HET HEK GEVERFD WORDEN OF NIET?

89. ALS JE HANDEN VIES ZIJN, EN HET IS
BIJNA ETENSTIJD, MAAR DE ZEEP IS OP, MOET
JE DAN JE SCHOENEN UITDOEN VOORDAT
JE NAAR BINNEN MAG OF NIET?

90. ALS ER IN SPANJE OP DE BERGEN HEEL
VEEL SNEEUW LIGT, MAAR IN NEDERLAND
SCHIJNT DE ZON, IS DE ZOMERVAKANTIE

DAN KORTER OF LANGER DAN 6 WEKEN?

91. ALS TWEE MENSEN EEN LIEDJE ZINGEN, MAAR ALLEBEI VERSCHILLENDE LIEDJES, EN DE OUDSTE PERSOON IS ALS EERSTE BEGONNEN, MAG DAN DE MAN OF DE VROUW ALS EERSTE STOPPEN?

92. ALS JE VADER OM 9 UUR OP STAAT, EN JIJ OM 8 UUR, EN ER ZIJN MAAR 3 BOTERHAMMEN, MOET JE ER DAN BOTER OP DOEN OF NIET?

93. ALS ER IN HET BOS TWEE PADDENSTOELEN ZIJN EN DIE KENNEN ELKAAR AL HEEL LANG, MAAR ER IS EEN BEER DIE OP ZE TRAPT, IS HET DAN BETER DAT HET GAAT REGENEN OF DAT DE ZON GAAT SCHIJNEN?

94. ALS ER 3000 BIJEN NODIG ZIJN VOOR 1 POTJE HONING, EN WINNIE DE POEH IS OP 1 AUGUSTUS JARIG, HOEVEEL POTJES HEEFT HIJ DAN NODIG VOOR ZIJN FEESTJE?

95. ALS JE OM HALF 9 NAAR BED MOET, EN JE KIJKT EERST ACHTERSTEVOREN IN DE SPIEGEL, MOET JE DAN JE TANDEN VAN RECHTS NAAR LINKS OF VAN ONDER NAAR BOVEN POETSEN?

96. ALS JE ÉEN VOGEL IN JE HAND HEBT EN JE RUIKT DE LUCHT VAN TIEN, IS ER DAN EEN KAT IN DE BUURT JA OF NEE?

97. ALS ER OP EEN OCEAAN VIER BOTEN VAREN, EN ER SPRINGEN 2 VLIEGENDE VISSEN

OVER HEEN, IS HET DAN BETER OM NÁAST ELKAAR TE VAREN, OF ACHTER ELKAAR?

98. ALS EEN BRUINE LINKERSOK EN EEN WITTE RECHTERSOK SAMEN IN EEN WASMAND LIGGEN. EN BUITEN HOOR JE DE HAGEL OP HET DAK KLETTEREN, IS HET DAN BETER OM WITTE MELK OF CHOCOLADEMELK TE DRINKEN?

99. ALS TWEE JONGENS EN TWEE MEISJES SAMEN DRIE MEISJESFIETSEN DELEN, EN ZE RIJDEN IEDERE DAG BEHALVE DINSDAG, MAAR OP WOENSDAG REGENT HET, WIE IS ER DAN AAN DE BEURT OP DONDERDAG?

100. ALS ER TWEE NEUSHOORNS IN EEN FILE STAAN, EN DE ACHTERSTE TOETERT VEEL TE HARD, MOET HIJ DAN EEN BEKEURING KRIJGEN OF MAG DE EERSTE NIET TE LANGZAAM GAAN?

101. ALS ER IN EEN WARM LAND DRIE MENSEN GEEN KLEREN AAN WILLEN EN ZE LIGGEN LEKKER IN DE ZON, MAAR ALLE ANDERE MENSEN HEBBEN EEN ZONNEBRIL, MOETEN ZE DAN WEL OF NIET ZICH AANKLEDEN ALS DE ZON ONDER GAAT?

102. ALS IN EEN KLEIN SCHATTIG AUTOOTJE EEN HOND EN EEN KAT RIJLES KRIJGEN MAAR DE KAT DRINGT VOOR, EN HET STOPLICHT STAAT OP ROOD, MOGEN ZE DAN HUN GORDEL UIT DOEN JÁ OF NEE?

103. ALS ER IN ZEELAND TWEE WATERSCOOTERS

EEN WEDSTRIJDJE DOEN, EN ZE GAAN 80 KM/UUR
MAAR ER ZWEMT EEN SCHILDPAD IN DE WEG MET
MAAR 5 KM PER UUR, EN ZE GAAN ER OM HEEN,
IS DAT DAN SLECHT VOOR HET MILIEU OF NIET?

104. ALS IEMAND MET 2 LINKERSOKKEN AAN, EN
ZIJN LIEVELINGSKLEUR IS BLAUW, BIJ DE BAKKER
KOMT EN VRAAGT NAAR WORTELTJESTAART,
ZIJN ZIJN SOKKEN DAN BLAUW OF ORANJE?

105. ALS JE HEEL NODIG NAAR DE WC MOET EN JE
RENT OP JE ALLERHARDST, EN JE TELT ONDERWEG
TOT 10, MAAR NA 7 STAPPEN BEN JE BIJ DE WC,
HEB JE DAN TIJD OVER OF PLAS JE IN JE BROEK?

106. ALS JE ÉEN HAND IN DE LUCHT STEEKT
EN DE WIND WAAIT UIT HET WESTEN, MAAR
JE HAREN ZIJN GISTEREN GEWASSEN, MOET
JE DAN DE VOLGENDE KEER ALS JE DOUCHT
WEL OF NIET SHAMPOO GEBRUIKEN?

107. ALS IEMAND IN JE FAMILIE TWEE BROERS
HEEFT EN DIE ZIJN ALLEBEI OP DEZELFDE DAG
JARIG, EN JIJ MAG DE TAARTEN UITKIEZEN,
MOETEN DIE DAN EVEN OUD ZIJN OF NIET?

108. ALS JE OP JE BORD 5 VISSTICKS HEBT
EN JE SNIJD ZE DOOR MIDDEN
EN NEEMT ÉEN HAP, EN JE HOORT BUITEN
ONWEER, IS HET DAN BETER OM ZOET OF
ZOUT WATER ER BIJ TE DRINKEN?

109. ALS ER OP EEN DOBBELSTEEN 6 STIPPEN

STAAN EN VERDER HELEMAAL NIKS, EN
JE MAG 5X GOOIEN, HOE GROOT IS DAN DE
KANS DAT DE JONGSTE MAG BEGINNEN?

110. ALS EEN OMA OP EEN BANKJE ZIT EN ZE
LEEST EEN GRAPPIG BOEK, EN LACHEN IS GEZOND,
HOEVEEL BLADZIJDEN MOET ZE DAN LEZEN
OM EEN GAT IN DE LUCHT TE SPRINGEN?

111. ALS JE EEN LANGE BROEK HEBT DIE
BINNENSTEBINNEN ZIT EN EEN ONDERBROEK
DIE BUITENSTEBUITEN ZIT EN ZE GAAN
IN DE WASMACHINE EN ZE DRAAIEN 100
KEER ROND, ZITTEN ZE DAARNA DAN
BINNENSTEBUITEN OF BUITENSTEBINNEN?

112. ALS JE EEN ZANDLOPER 4X ONDERSTEBOVEN
DRAAIT EN JE SCHUDT HEM 7X ACHTER
JE RUG, EN JE DOET DAARNA EEN KOPROL
EN EEN DANSJE IN JE BLOTE ONDERBROEK,
HOE LAAT IS HET DAN DAARNA?

113 ALS JE IN JE ENE HAND ALLEEN MAAR
MUNTJES VAN 50 CENT HEB EN IN DE
ANDERE HAND ALLEEN MAAR MUNTEN VAN
2 EURO, EN JE STAAT OP EEN WEEGSCHAAL
MET SCHOENEN VAN 4 KILO AAN, MAG JE
DAN MORGEN SNOEPEN OF NIET?

114. ALS JE EEN DOLFIJN KRUIST MET EEN
VOGELSPIN, EN JE BENT IN DE DIERENTUIN,
MOET JE DAN BIJ DE APEN RECHTS, OF LINKSAF,

OM BIJ DE KROKODILLEN TE KOMEN?

115 ALS JE EEN RODE KIP HEBT EN EEN WITTE VOETBAL, EN DIE KIP LEGT IN MEI EEN EI, HEEFT EEN HAAN DAN EEN WITTE KUIF OF EEN RODE?

116. ALS JE DERDE TEEN LINKS, HONGER HEEFT, MAAR JE TWEEDE VINGER VAN RECHTS HEEFT DORST, EN JE GAAT NA HET ETEN IN BAD MET EEN GLAASJE MELK, HEB JE DAARNA DAN WARMERE HÁNDEN, OF WARMERE VOETEN?

117. ALS HET 12 UUR 'SMIDDAGS IS EN DE ZON STAAT OP ZIJN HOOGST AAN DE HEMEL MAAR VAN LINKS KOMT EEN ZWERM ZWALUWEN EN DIE ZIJN OP WEG NAAR AFRIKA, IS DE KANS DAN GROTER DAT ER POEP OP JE RÉCHTERSCHOUDER VALT, OF JE LINKER?

118 ALS JE NAAR DE SNACKBAR GAAT EN JE BESTELT EEN FRIETJE SPECIAAL, EEN FRIETJE OORLOG EN EEN KOFFIE VERKEERD, KRIJG JE DAN ALLES WAT JE BESTELD HEBT OF ZIT ER MAYONAISE DOOR DE SATÉSAUS EN UITJES IN JE KOFFIE?

119 ALS JE NOU 3 HONDEN HEBT, EEN WITTE, EEN BRUINE EN EEN ZWARTE, EN ZE MOETEN SAMENWERKEN OM EEN KUDDE SCHAPEN NAAR EEN SCHUUR TE DRIJVEN, WELKE SCHAPEN ZIJN DAN HET EERSTE BINNEN: DE WITTE, DE ZWARTE OF DE BRUINE?

120. ALS JE NOU OP OUDEJAARSAVOND
EEN SCHAAL MET OLIEBOLLEN HEBT, EN
ÉEN FLES POEDERSUIKER, EN OM 12 UUR
BEGINT HET VUURWERK, EN ER BLIJVEN
TWEE APPELFLAPPEN OVER, HEB JE DAN
GENOEG POEDERSUIKER JA OF NEE?

121. ALS ER NOU OP HET STRAND EEN VISSER
IS EN DIE HEEFT IN EEN EMMER, 1 PLATVIS,
TWEE KRABBETJES, 4 GARNALEN EN EEN HALVE
KWAL, EN HET IS IN DAT LAND VLOED, EN DE
VISSER GAAT OM 3 UUR NAAR HUIS, BLIJVEN ER
DAN MEER OF MINDER GARNALEN LEVEN?

122. ALS JE NOU 3 OUDE MANNETJES HEBT, EN
DE ENE HEEFT EEN WANDELSTOK, DE ANDERE
EEN ROLLATOR EN DE DERDE HEEFT KRUKKEN,
EN ZE GAAN ALLEDRIE OP EEN BANKJE ZITTEN,
EN NA TIEN MINUTEN STAAN ZE WEER OP, WIE
IS ER DAN HET SNELST AAN DE OVERKANT?

123. ALS JE NOU EEN PANNENKOEK HEBT MET
KAAS EN SPEK EN ROZIJNEN EN ANANAS EN
SATÉSAUS, EN JE VOUWT DIE 3X DUBBEL EN JE
STOPT HEM ACHTERSTEVOREN ONDERSTEBOVEN
IN JE MOND, IS DAT DAN ZWAARDER DAN
EEN PIZZA VAN 6 STUKKEN OF NIET?

124. ALS IEMAND AAN DE DEURBEL BELT EN
ER IS DAAR NIEMAND THUIS MAAR 3 HUIZEN
VERDER WORDT EEN CAKE GEBAKKEN EN

IN DE DAKGOOT LOOPT EEN VOGEL, IS HET
DAN VEILIG OM OP VRIJDAG DE DERTIENDE
ONDER EEN LADDER DOOR TE LOPEN?

125. ALS JE EEN KASTANJEBOOM HEBT EN
DAAR LIGGEN 100 KASTANJES ONDER, MAAR
EEN EGELTJE HEEFT ER 7 MEEGENOMEN, EN
IN AMERIKA GAAT DE SCHOOLBEL EN BEGINT
DE BIOLOGIELES, IS ER DAN MÉER OF MINDER
KANS DAT ER EEN EIKEL OP JE HOOFD VALT?

126. ALS JE LIEVELINGSGERECHT SATÉ IS, EN JE
BENT GEBOREN IN CHINA EN JE VADER KOMT UIT
JAPAN EN JE MOEDER UIT NEDERLAND, WIL JE
DAN WEL OF NIET WORST IN JE ERWTENSOEP?

127. ALS JE ÉEN KEERTJE VERGEET JE TANDEN
TE POETSEN, EN TOEVALLIG OP DIE DAG TREK
JE JE ONDERBROEK ACHTERSTEVOREN AAN,
EN DIE IS GEEL, HEB JE DAN DE VOLGENDE
DAG WITTERE TANDEN JA OF NEE?

128. ALS JE GISTEREN GEBOREN BENT
EN JE BENT MORGEN JARIG,
BEN JE DAN EEN JONGEN OF EEN MEISJE?

129. ALS JE EEN ZWARTE KAT HEBT, DIE
ACHTER EEN WITTE MUIS AANRENT,
IN EEN ZWARTE KAMER, EN JE KOMT
BINNEN EN DOET HET LICHT AAN...
IS DAN DE KAT ONZICHTBAAR OF DE MUIS?

130 ALS ER EEN VLIEGTUIG NAAR HET NOORDEN

VLIEGT, EN EEN HELIKOPTER NAAR HET ZUIDEN,
EN JIJ WOONT IN HET WESTEN... KOMT DAN
IN HET OOSTEN DE ZON OP JA OF NEE?

131. ALS HET MORGEN VRIJDAG IS EN
JE HEBT GISTEREN DE WAS GEDAAN,
EN JE HEBT 9 GELE SOKKEN...
IS HET DAN EEN GOED MOMENT OM EEN
BANAAN TE ETEN, JA OF NEE?

132. ALS JE NOU EEN POES ÈN EEN HOND ÈN EEN
HAMSTER ÈN EEN GOUDVIS HEBT, EN ZE ZIJN
ALLEEN THUIS, EN JE BLIJFT 2 NACHTJES WEG,
EN JE KOMT THUIS EN DE DEUR STAAT OPEN...
ZIT DAN DE VIS IN DE VIJVER OF DE
HAMSTER IN DE WC-ROL?

THE END

www.ingramcontent.com/pod-product-compliance
Lightning Source LLC
LaVergne TN
LVHW021211200726

843509LV00010B/920